Disney

Que sais-tu des ROMAINS ?

Disney HACHETTE ÉDITION

CONNAIS-TU ROME ?

Aujourd'hui, Rome est la capitale de l'Italie. Mais il y a très longtemps, Rome était la capitale d'un immense et très puissant empire : l'Empire romain. C'était alors la plus grande ville du monde, la plus belle… mais aussi la plus peuplée, et la plus bruyante !

VRAI OU FAUX ?

Cherche dans l'illustration si ces remarques sont vraies ou fausses.

- Les passages piétons existaient.
- L'huile d'olive était vendue en bouteille.
- On vendait des plats cuisinés dans la rue.

QUE FAIRE DES EAUX SALES ?

Elles étaient évacuées par un système d'égouts. Les Romains ont répandu l'usage des toilettes publiques : des bancs de pierre percés de trous sous lesquels de l'eau coulait. Plusieurs personnes pouvaient s'y asseoir côte à côte et bavarder.

SOLUTIONS

- Vrai : des pierres encastrées dans la rue permettaient de garder les pieds au sec.
- Faux : l'huile d'olive, comme le vin, était vendue dans des amphores.
- Vrai : les Romains pouvaient acheter des plats chauds dans des échoppes. Ils les mangeaient dans la rue ou les emportaient chez eux.

QUELS SONT LES MONUMENTS ROMAINS LES PLUS CONNUS ?

VRAI OU FAUX ?

- Les artisans travaillaient dans des ateliers fermés.
- Les murs étaient couverts de graffitis.
- Les immeubles étaient construits très solidement.

SOLUTIONS

- Faux : les ateliers étaient ouverts sur la rue comme les autres boutiques.
- Vrai : les murs étaient souvent couverts de réclames ou parfois de remerciements à de généreux bienfaiteurs.
- Faux : la crise du logement fit construire à Rome des immeubles de plusieurs étages avec parfois de mauvais matériaux. Il leur arrivait de s'écrouler ou de prendre feu.

QUI VIVAIT À ROME ?

Une foule bariolée qui comptait des citoyens romains, pauvres ou riches, des étrangers, commerçants ou artistes, venus de tous les coins de l'Empire, des esclaves... C'est ici que résidaient le tout-puissant empereur et les sénateurs qui proposaient les lois. Pour mieux connaître les habitants de Rome, essaie de répondre aux questions et soulève les volets pour connaître les réponses.

LE CITOYEN ROMAIN NE PAYAIT PAS :

- l'entrée aux thermes ?
- les jeux du cirque ?
- l'impôt ?

LES FEMMES NE POUVAIENT PAS :

- aller au théâtre ?
- se maquiller ?
- voter ?

LES GENS DU PEUPLE S'APPELAIENT :

– les peupliers ?
– les plébéiens ?
– les pléiades ?

LES RICHES ROMAINS S'APPELAIENT :

– des praticiens ?
– des patriciens ?
– des patriotes ?

L'UNE DES TÂCHES DU SÉNATEUR ÉTAIT :

– d'organiser les fêtes ?
– de célébrer les mariages ?
– d'enseigner ?

LES ESCLAVES ÉTAIENT VENDUS :

– sur les marchés ?
– dans les tribunaux ?
– dans les temples ?

À QUOI RESSEMBLAIT UNE VILLA ROMAINE ?

Pour un riche patricien, la vie était très agréable dans sa villa. Si la maison pouvait paraître austère et fermée de l'extérieur, elle était ouverte sur de beaux jardins intérieurs et très raffinée. Observe cette villa et amuse-toi à répondre aux questions.

Comment s'appelaient la cour à ciel ouvert et la salle à manger ? Déchiffre leurs noms codés pour le savoir.

a = ◉	c = ✩	e = ☆	f = ✗
g = ✸	i = ◎	l = ✦	m = ▣
n = ◗	o = ✿	p = ✱	r = ❖
s = ✔	t = ✗	u = ○	y = ♣

Donald travaille dans le bureau. **Y a-t-il des livres dans la bibliothèque ?**

Cherche Daisy. **Que fait-elle ?**

On s'éclairait avec des lampes à huile. **Combien vois-tu de lampadaires ?**

LES MURS ÉTAIENT-ILS DÉCORÉS ?

Oui, les murs étaient peints de fresques qui représentaient des feuillages pleins d'oiseaux, des guirlandes de fleurs ou des couples élégants.

Coupe d'une villa romaine

COMMENT VIVAIENT LES RICHES ROMAINS ?

QU'EST-CE QUI ORNAIT LES SOLS ?

Les sols étaient recouverts de mosaïques, composées de petits morceaux de pierres de couleur ou de pâte de verre. Elles représentaient des motifs géométriques ou des scènes de la vie quotidienne.

SOLUTIONS

- La cour avec un bassin, éclairée par une ouverture dans le toit, se nommait « l'atrium » et la salle à manger « le triclinium ».
- Non, il y a des rouleaux de parchemin.
- Elle se regarde dans un miroir… de métal poli : les Romains ne connaissaient pas les glaces que nous avons aujourd'hui !
- Il y a 4 lampadaires en forme de tiges végétales.

QUE FAISAIENT LES ROMAINS L'APRÈS-MIDI ?

Ils allaient aux thermes… parce que chez eux les Romains ne possédaient pas de salle de bains. Ils se rendaient donc dans ces splendides bâtiments très peu chers et ouverts à tous. Plus que de simples bains, les thermes étaient un lieu de rencontre et de détente où l'on venait bavarder, faire des affaires ou jouer…

Pour se nettoyer, les Romains s'enduisaient d'huile qu'ils retiraient ensuite avec une sorte de racloir, le strigile. Ils utilisaient aussi des produits qui leur servaient de savon, comme la cendre de lave.

COMMENT SE DÉROULAIT UNE VISITE AUX THERMES ?

À l'aide des explications, remets les vignettes dans l'ordre et nomme chacune des salles.

Les Romains commençaient par faire du sport dans le gymnase couvert.

Ils s'installaient ensuite dans le caldarium, salle chauffée à 60 °C dans laquelle ils transpiraient puis s'aspergeaient d'eau brûlante.

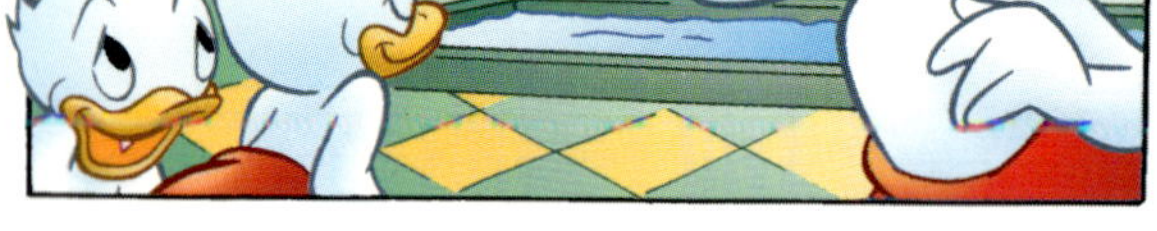

LES FEMMES ALLAIENT-ELLES AUX BAINS ?

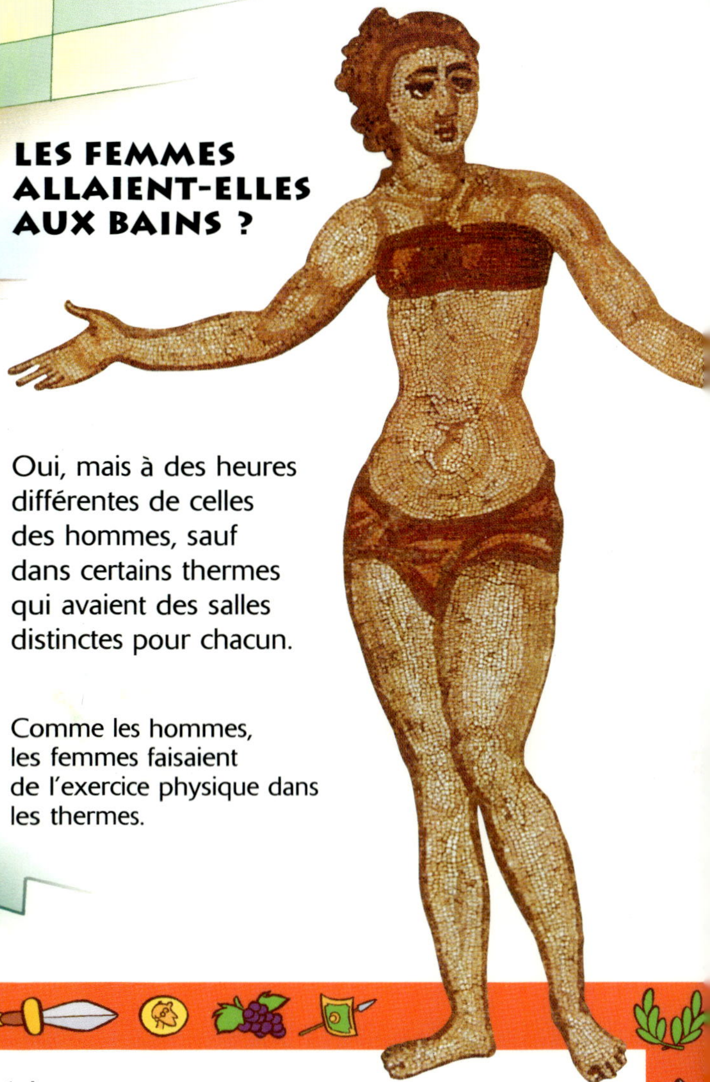

Oui, mais à des heures différentes de celles des hommes, sauf dans certains thermes qui avaient des salles distinctes pour chacun.

Comme les hommes, les femmes faisaient de l'exercice physique dans les thermes.

Puis ils se reposaient dans le tepidarium où l'eau était tiède…

… et enfin allaient faire un plongeon dans l'eau glacée du frigidarium pour se revigorer.

Après s'être lavé, le massage permettait une détente complète.

Les grands thermes disposaient aussi de bibliothèque, salle de réunion, jardin ou échoppes…

SOLUTION

E : gymnase ; D : caldarium ;
A : tepidarium ; C : frigidarium ;
B : salle de massage.

QUEL ÉTAIT LE SPECTACLE PRÉFÉRÉ DES ROMAINS ?

Les jeux du cirque ! Ces spectacles violents et cruels duraient toute la journée et pendant des semaines entières. À Rome, on avait le temps d'y aller… avec 175 jours fériés par an ! Soulève les volets pour trouver les réponses aux questions en t'aidant des carrés de couleur.

- **Qui étaient les gladiateurs ?**
- **Installait-on des décors dans l'arène ?**
- **Quel était le public des jeux ?**

■ Que fait l'empereur, le pouce en l'air ?

■ Qui se cache derrière les grilles ?

ATTRAPAIT-ON DES COUPS DE SOLEIL AU CIRQUE ?

Non, parce que pour protéger les spectateurs du soleil ou de la pluie, une grande toile pouvait être tendue au-dessus de leur tête. Dans le Colisée, c'est un détachement de marins qui était chargé de manœuvrer cette immense et lourde toile.

LES ROMAINS ADORAIENT-ILS PLUSIEURS DIEUX ?

Mars était le dieu de la Guerre

Oui, des centaines de dieux, grands et petits, qui avaient tous les défauts des hommes : ils étaient jaloux, se querellaient et se vengeaient dès qu'ils le pouvaient. Ils avaient chacun leur spécialité, jusqu'à Cardéa, la déesse des gonds de porte !

QUI SONT LES DIEUX LES PLUS CÉLÈBRES ?

Pour connaître le nom et la fonction de ces principaux dieux romains, trouve l'attribut avec lequel ils sont généralement représentés. Il est caché dans leur temple.

OÙ LES ROMAINS HONORAIENT-ILS LEURS DIEUX ?

Dans des temples souvent peints de couleurs vives et ornés de dorures. Chaque temple était dédié à une divinité à laquelle on offrait un animal en sacrifice.

QUI ÉTAIENT LES DIEUX LARES ?

Chaque maison romaine possédait ses dieux familiers qui veillaient sur le foyer. On les appelait les dieux lares. Pour les honorer, on déposait chaque jour un peu de nourriture en offrande sur un petit autel en forme de temple placé dans la maison.

SOLUTION

a2, b7, c1, d8, e3, f9, g6, h5, i4.

L'EMPIRE ROMAIN ÉTAIT-IL VASTE ?

Gigantesque ! Au IIe siècle, l'Empire englobait tous les pays autour de la Méditerranée et jusqu'à l'actuelle Grande-Bretagne, c'est-à-dire qu'il s'étendait sur trente de nos pays d'aujourd'hui.

COMBIEN D'HABITANTS VIVAIENT DANS L'EMPIRE ROMAIN ?

Environ 60 millions d'habitants. L'Empire était formé d'une mosaïque de peuples très différents les uns des autres. Trouve la silhouette de chaque personnage sur la carte et tu sauras à quel endroit de l'Empire vivait chaque peuple.

QU'EST-CE QUE LA PAIX ROMAINE ?

Les provinces qui composaient l'Empire connurent la paix, pax romana, pendant les deux premiers siècles de notre ère. Le commerce prospéra et des échanges se firent à travers tout l'Empire. Si chaque pays conservait sa langue locale, la langue officielle était partout le latin.

QUI GOUVERNAIT LES PROVINCES ?

Des magistrats romains, choisis pour faire respecter la loi romaine. Les gouverneurs étaient puissants, commandaient des troupes, collectaient les impôts qu'ils reversaient au gouvernement de Rome, enrichissant ainsi la capitale. Certains d'entre eux se laissèrent corrompre et pillèrent leur province, au risque de déclencher des révoltes.

L'ARMÉE ÉTAIT-ELLE PUISSANTE ?

Oui, parce qu'elle était très organisée et disciplinée. Ses soldats, les légionnaires, étaient bien équipés, bien formés et très dévoués. Ils juraient fidélité à leur général et, en contrepartie, ils pouvaient espérer obtenir à la fin de leur service une terre et une jolie somme d'argent.

Lorsqu'elles n'étaient pas en campagne, les troupes s'installaient dans de vastes campements.

Compare la liste décrivant l'uniforme du soldat et l'équipement de Donald. **Qu'a-t-il oublié de revêtir ?**

Pour combien d'années un soldat s'engageait-il ? Pour le savoir, compte le nombre de légionnaires casqués.

Pour se protéger des flèches ennemies, les soldats se serraient les uns contre les autres en se cachant derrière leurs boucliers. **Combien comptes-tu de boucliers ?**

Le camp abritait plusieurs bâtiments : dortoirs, quartier général où logeait le général, entrepôts… **Vois-tu les écuries et l'hôpital ?**

Le camp était bien gardé. **Où Riri, Fifi et Loulou se sont-ils postés pour faire le guet ?**

COMBIEN L'ARMÉE COMPTAIT-ELLE D'HOMMES ?

Jusqu'à un demi-million d'hommes ! Elle était composée de légions de 5 000 à 6 000 hommes placées chacune sous les ordres d'un général. Les légions étaient divisées en cohortes, elles-mêmes divisées en centuries qui rassemblaient 100 légionnaires.

SOLUTIONS

- Donald a oublié son bouclier et ses sandales. L'équipement pesait 35 kg mais les légionnaires étaient robustes et pouvaient parcourir 40 kilomètres par jour.
- Il y a 20 légionnaires casqués. Les soldats étaient des volontaires qui s'engageaient pour 20 ans.
- 16 boucliers qui permettaient d'avancer en restant protégés. On appelait cette formation la « tortue ».
- Les écuries sont au fond et l'hôpital à droite de la tortue.
- Riri, Fifi et Loulou sont postés sur un mirador pour surveiller les alentours.

QUE CONSTRUISIRENT LES ROMAINS ?

100 000 kilomètres de routes et aussi de nombreux monuments : cirques, amphithéâtres, arcs, thermes… Les Romains étaient de grands bâtisseurs, parmi lesquels on comptait des physiciens, des mathématiciens et de brillants ingénieurs. Ils montrèrent par leurs réalisations la puissance de leur nation.

Pour alimenter les villes en eau, les Romains construisirent d'élégants ponts en haut desquels elle coulait : les aqueducs.

COMMENT CONSTRUISAIT-ON UNE ROUTE ?

Pour le découvrir, remets les images dans l'ordre en t'aidant des formes.

Creuser une tranchée.

Recouvrir d'une couche de grosses pierres bien ajustées.

Supprimer arbres et obstacles.

Remplir de gravier.

Établir le tracé le plus court et le plus droit possible.

SOLUTION E, C, A, D, B